This Password Journal belongs to

Name:

Phone Number:

If found, please return to:

Address:

Website url: _____

Password: _____

Comment: _____

Website url: _____

Password: _____

Comment: _____

Website url: _____

Password: _____

Comment: _____

Website url: _____

Password: _____

Comment: _____

Website url: _____

Password: _____

Comment: _____

Website url: _____

Password: _____

Comment: _____

Website url: _____

Password: _____

Comment: _____

Website url: _____

Password: _____

Comment: _____

Website url: _____

Password: _____

Comment: _____

Website url: _____

Password: _____

Comment: _____

Website url: _____

Password: _____

Comment: _____

Website url: _____

Password: _____

Comment: _____

Website url: _____

Password: _____

Comment: _____

Website url: _____

Password: _____

Comment: _____

Website url: _____

Password: _____

Comment: _____

Website url: _____

Password: _____

Comment: _____

Website url: _____

Password: _____

Comment: _____

Website url: _____

Password: _____

Comment: _____

Website url: _____

Password: _____

Comment: _____

Website url: _____

Password: _____

Comment: _____

Website url: _____

Password: _____

Comment: _____

Website url: _____

Password: _____

Comment: _____

Website url: _____

Password: _____

Comment: _____

Website url: _____

Password: _____

Comment: _____

Website url: _____

Password: _____

Comment: _____

Website url: _____

Password: _____

Comment: _____

Website url: _____

Password: _____

Comment: _____

Website url: _____

Password: _____

Comment: _____

Website url: _____

Password: _____

Comment: _____

Website url: _____

Password: _____

Comment: _____

Website url: _____

Password: _____

Comment: _____

Website url: _____

Password: _____

Comment: _____

Website url: _____

Password: _____

Comment: _____

Website url: _____

Password: _____

Comment: _____

Website url: _____

Password: _____

Comment: _____

Website url: _____

Password: _____

Comment: _____

Website url: _____

Password: _____

Comment: _____

Website url: _____

Password: _____

Comment: _____

Website url: _____

Password: _____

Comment: _____

Website url: _____

Password: _____

Comment: _____

Website url: _____

Password: _____

Comment: _____

Website url: _____

Password: _____

Comment: _____

Website url: _____

Password: _____

Comment: _____

Website url: _____

Password: _____

Comment: _____

Website url: _____

Password: _____

Comment: _____

Website url: _____

Password: _____

Comment: _____

Website url: _____

Password: _____

Comment: _____

Website url: _____

Password: _____

Comment: _____

Website url: _____

Password: _____

Comment: _____

Website url: _____

Password: _____

Comment: _____

Website url: _____

Password: _____

Comment: _____

Website url: _____

Password: _____

Comment: _____

Website url: _____

Password: _____

Comment: _____

Website url: _____

Password: _____

Comment: _____

Website url: _____

Password: _____

Comment: _____

Website url: _____

Password: _____

Comment: _____

Website url: _____

Password: _____

Comment: _____

Website url: _____

Password: _____

Comment: _____

Website url: _____

Password: _____

Comment: _____

Website url: _____

Password: _____

Comment: _____

Website url: _____

Password: _____

Comment: _____

Website url: _____

Password: _____

Comment: _____

Website url: _____

Password: _____

Comment: _____

Website url: _____

Password: _____

Comment: _____

Website url: _____

Password: _____

Comment: _____

Website url: _____

Password: _____

Comment: _____

Website url: _____

Password: _____

Comment: _____

Website url: _____

Password: _____

Comment: _____

Website url: _____

Password: _____

Comment: _____

Website url: _____

Password: _____

Comment: _____

Website url: _____

Password: _____

Comment: _____

Website url: _____

Password: _____

Comment: _____

Website url: _____

Password: _____

Comment: _____

Website url: _____

Password: _____

Comment: _____

Website url: _____

Password: _____

Comment: _____

Website url: _____

Password: _____

Comment: _____

Website url: _____

Password: _____

Comment: _____

Website url: _____

Password: _____

Comment: _____

Website url: _____

Password: _____

Comment: _____

Website url: _____

Password: _____

Comment: _____

Website url: _____

Password: _____

Comment: _____

Website url: _____

Password: _____

Comment: _____

Website url: _____

Password: _____

Comment: _____

Website url: _____

Password: _____

Comment: _____

Website url: _____

Password: _____

Comment: _____

Website url: _____

Password: _____

Comment: _____

Website url: _____

Password: _____

Comment: _____

Website url: _____

Password: _____

Comment: _____

Website url: _____

Password: _____

Comment: _____

Website url: _____

Password: _____

Comment: _____

Website url: _____

Password: _____

Comment: _____

Website url: _____

Password: _____

Comment: _____

Website url: _____

Password: _____

Comment: _____

Website url: _____

Password: _____

Comment: _____

Website url: _____

Password: _____

Comment: _____

Website url: _____

Password: _____

Comment: _____

Website url: _____

Password: _____

Comment: _____

Website url: _____

Password: _____

Comment: _____

Website url: _____

Password: _____

Comment: _____

Website url: _____

Password: _____

Comment: _____

Website url: _____

Password: _____

Comment: _____

Website url: _____

Password: _____

Comment: _____

Website url: _____

Password: _____

Comment: _____

Website url: _____

Password: _____

Comment: _____

Website url: _____

Password: _____

Comment: _____

Website url: _____

Password: _____

Comment: _____

Website url: _____

Password: _____

Comment: _____

Website url: _____

Password: _____

Comment: _____

Website url: _____

Password: _____

Comment: _____

Website url: _____

Password: _____

Comment: _____

Website url: _____

Password: _____

Comment: _____

Website url: _____

Password: _____

Comment: _____

Website url: _____

Password: _____

Comment: _____

Website url: _____

Password: _____

Comment: _____

Website url: _____

Password: _____

Comment: _____

Website url: _____

Password: _____

Comment: _____

Website url: _____

Password: _____

Comment: _____

Website url: _____

Password: _____

Comment: _____

Website url: _____

Password: _____

Comment: _____

Website url: _____

Password: _____

Comment: _____

Website url: _____

Password: _____

Comment: _____

Website url: _____

Password: _____

Comment: _____

Website url: _____

Password: _____

Comment: _____

Website url: _____

Password: _____

Comment: _____

Website url: _____

Password: _____

Comment: _____

Website url: _____

Password: _____

Comment: _____

Website url: _____

Password: _____

Comment: _____

Website url: _____

Password: _____

Comment: _____

Website url: _____

Password: _____

Comment: _____

Website url: _____

Password: _____

Comment: _____

Website url: _____

Password: _____

Comment: _____

Website url: _____

Password: _____

Comment: _____

Website url: _____

Password: _____

Comment: _____

Website url: _____

Password: _____

Comment: _____

Website url: _____

Password: _____

Comment: _____

Website url: _____

Password: _____

Comment: _____

Website url: _____

Password: _____

Comment: _____

Website url: _____

Password: _____

Comment: _____

Website url: _____

Password: _____

Comment: _____

Website url: _____

Password: _____

Comment: _____

Website url:

Password:

Comment:

Website url:

Password:

Comment:

Website url:

Password:

Comment:

Website url:

Password:

Comment:

Website url:

Password:

Comment:

Website url:

Password:

Comment:

Website url:

Password:

Comment:

Website url: _____

Password: _____

Comment: _____

Website url: _____

Password: _____

Comment: _____

Website url: _____

Password: _____

Comment: _____

Website url: _____

Password: _____

Comment: _____

Website url: _____

Password: _____

Comment: _____

Website url: _____

Password: _____

Comment: _____

Website url: _____

Password: _____

Comment: _____

Website url: _____

Password: _____

Comment: _____

Website url: _____

Password: _____

Comment: _____

Website url: _____

Password: _____

Comment: _____

Website url: _____

Password: _____

Comment: _____

Website url: _____

Password: _____

Comment: _____

Website url: _____

Password: _____

Comment: _____

Website url: _____

Password: _____

Comment: _____

Website url: _____

Password: _____

Comment: _____

Website url: _____

Password: _____

Comment: _____

Website url: _____

Password: _____

Comment: _____

Website url: _____

Password: _____

Comment: _____

Website url: _____

Password: _____

Comment: _____

Website url: _____

Password: _____

Comment: _____

Website url: _____

Password: _____

Comment: _____

Website url: _____

Password: _____

Comment: _____

Website url: _____

Password: _____

Comment: _____

Website url: _____

Password: _____

Comment: _____

Website url: _____

Password: _____

Comment: _____

Website url: _____

Password: _____

Comment: _____

Website url: _____

Password: _____

Comment: _____

Website url: _____

Password: _____

Comment: _____

Website url: _____

Password: _____

Comment: _____

Website url: _____

Password: _____

Comment: _____

Website url: _____

Password: _____

Comment: _____

Website url: _____

Password: _____

Comment: _____

Website url: _____

Password: _____

Comment: _____

Website url: _____

Password: _____

Comment: _____

Website url: _____

Password: _____

Comment: _____

Website url: _____

Password: _____

Comment: _____

Website url: _____

Password: _____

Comment: _____

Website url: _____

Password: _____

Comment: _____

Website url: _____

Password: _____

Comment: _____

Website url: _____

Password: _____

Comment: _____

Website url: _____

Password: _____

Comment: _____

Website url: _____

Password: _____

Comment: _____

Website url: _____

Password: _____

Comment: _____

Website url: _____

Password: _____

Comment: _____

Website url: _____

Password: _____

Comment: _____

Website url: _____

Password: _____

Comment: _____

Website url: _____

Password: _____

Comment: _____

Website url: _____

Password: _____

Comment: _____

Website url: _____

Password: _____

Comment: _____

Website url: _____

Password: _____

Comment: _____

Website url: _____

Password: _____

Comment: _____

Website url: _____

Password: _____

Comment: _____

Website url: _____

Password: _____

Comment: _____

Website url: _____

Password: _____

Comment: _____

Website url: _____

Password: _____

Comment: _____

Website url: _____

Password: _____

Comment: _____

Website url: _____

Password: _____

Comment: _____

Website url: _____

Password: _____

Comment: _____

Website url: _____

Password: _____

Comment: _____

Website url: _____

Password: _____

Comment: _____

Website url: _____

Password: _____

Comment: _____

Website url: _____

Password: _____

Comment: _____

Website url: _____

Password: _____

Comment: _____

Website url: _____

Password: _____

Comment: _____

Website url: _____

Password: _____

Comment: _____

Website url: _____

Password: _____

Comment: _____

Website url: _____

Password: _____

Comment: _____

Website url: _____

Password: _____

Comment: _____

Website url: _____

Password: _____

Comment: _____

Website url: _____

Password: _____

Comment: _____

Website url: _____

Password: _____

Comment: _____

Website url: _____

Password: _____

Comment: _____

Website url: _____

Password: _____

Comment: _____

Website url: _____

Password: _____

Comment: _____

Website url: _____

Password: _____

Comment: _____

Website url: _____

Password: _____

Comment: _____

Website url: _____

Password: _____

Comment: _____

Website url: _____

Password: _____

Comment: _____

Website url: _____

Password: _____

Comment: _____

Website url: _____

Password: _____

Comment: _____

Website url: _____

Password: _____

Comment: _____

Website url: _____

Password: _____

Comment: _____

Website url: _____

Password: _____

Comment: _____

Website url: _____

Password: _____

Comment: _____

Website url: _____

Password: _____

Comment: _____

Website url: _____

Password: _____

Comment: _____

Website url: _____

Password: _____

Comment: _____

Website url: _____

Password: _____

Comment: _____

Website url: _____

Password: _____

Comment: _____

Website url: _____

Password: _____

Comment: _____

Website url: _____

Password: _____

Comment: _____

Website url: _____

Password: _____

Comment: _____

Website url: _____

Password: _____

Comment: _____

Website url: _____

Password: _____

Comment: _____

Website url: _____

Password: _____

Comment: _____

Website url: _____

Password: _____

Comment: _____

Website url: _____

Password: _____

Comment: _____

Website url: _____

Password: _____

Comment: _____

Website url: _____

Password: _____

Comment: _____

Website url: _____

Password: _____

Comment: _____

Website url: _____

Password: _____

Comment: _____

Website url: _____

Password: _____

Comment: _____

Website url: _____

Password: _____

Comment: _____

Website url: _____

Password: _____

Comment: _____

Website url: _____

Password: _____

Comment: _____

Website url: _____

Password: _____

Comment: _____

Website url: _____

Password: _____

Comment: _____

Website url: _____

Password: _____

Comment: _____

Website url: _____

Password: _____

Comment: _____

Website url: _____

Password: _____

Comment: _____

Website url: _____

Password: _____

Comment: _____

Website url: _____

Password: _____

Comment: _____

Website url: _____

Password: _____

Comment: _____

Website url: _____

Password: _____

Comment: _____

Website url: _____

Password: _____

Comment: _____

Website url: _____

Password: _____

Comment: _____

Website url: _____

Password: _____

Comment: _____

Website url: _____

Password: _____

Comment: _____

Website url: _____

Password: _____

Comment: _____

Website url: _____

Password: _____

Comment: _____

Website url: _____

Password: _____

Comment: _____

Website url: _____

Password: _____

Comment: _____

Website url: _____

Password: _____

Comment: _____

Website url: _____

Password: _____

Comment: _____

Website url: _____

Password: _____

Comment: _____

Website url: _____

Password: _____

Comment: _____

Website url: _____

Password: _____

Comment: _____

Website url: _____

Password: _____

Comment: _____

Website url: _____

Password: _____

Comment: _____

Website url: _____

Password: _____

Comment: _____

Website url: _____

Password: _____

Comment: _____

Website url: _____

Password: _____

Comment: _____

Website url: _____

Password: _____

Comment: _____

Website url: _____

Password: _____

Comment: _____

Website url: _____

Password: _____

Comment: _____

Website url: _____

Password: _____

Comment: _____

Website url: _____

Password: _____

Comment: _____

Website url: _____

Password: _____

Comment: _____

Website url: _____

Password: _____

Comment: _____

Website url: _____

Password: _____

Comment: _____

Website url: _____

Password: _____

Comment: _____

Website url: _____

Password: _____

Comment: _____

Website url: _____

Password: _____

Comment: _____

Website url: _____

Password: _____

Comment: _____

Website url: _____

Password: _____

Comment: _____

Website url: _____

Password: _____

Comment: _____

Website url: _____

Password: _____

Comment: _____

Website url: _____

Password: _____

Comment: _____

Website url: _____

Password: _____

Comment: _____

Website url: _____

Password: _____

Comment: _____

Website url: _____

Password: _____

Comment: _____

Website url: _____

Password: _____

Comment: _____

Website url: _____

Password: _____

Comment: _____

Website url: _____

Password: _____

Comment: _____

Website url: _____

Password: _____

Comment: _____

Website url: _____

Password: _____

Comment: _____

Website url: _____

Password: _____

Comment: _____

Website url: _____

Password: _____

Comment: _____

Website url: _____

Password: _____

Comment: _____

Website url: _____

Password: _____

Comment: _____

Website url: _____

Password: _____

Comment: _____

Website url: _____

Password: _____

Comment: _____

Website url: _____

Password: _____

Comment: _____

Website url: _____

Password: _____

Comment: _____

Website url: _____

Password: _____

Comment: _____

Website url: _____

Password: _____

Comment: _____

Website url: _____

Password: _____

Comment: _____

Website url: _____

Password: _____

Comment: _____

Website url: _____

Password: _____

Comment: _____

Website url: _____

Password: _____

Comment: _____

Website url: _____

Password: _____

Comment: _____

Website url: _____

Password: _____

Comment: _____

Website url: _____

Password: _____

Comment: _____

Website url: _____

Password: _____

Comment: _____

Website url: _____

Password: _____

Comment: _____

Website url: _____

Password: _____

Comment: _____

Website url: _____

Password: _____

Comment: _____

Website url: _____

Password: _____

Comment: _____

Website url: _____

Password: _____

Comment: _____

Website url: _____

Password: _____

Comment: _____

Website url: _____

Password: _____

Comment: _____

**49**

Website url: _____

Password: _____

Comment: _____

Website url: _____

Password: _____

Comment: _____

Website url: _____

Password: _____

Comment: _____

Website url: _____

Password: _____

Comment: _____

Website url: _____

Password: _____

Comment: _____

Website url: _____

Password: _____

Comment: _____

Website url: _____

Password: _____

Comment: _____

Website url: _____

Password: _____

Comment: _____

Website url: _____

Password: _____

Comment: _____

Website url: _____

Password: _____

Comment: _____

Website url: _____

Password: _____

Comment: _____

Website url: _____

Password: _____

Comment: _____

Website url: _____

Password: _____

Comment: _____

Website url: _____

Password: _____

Comment: _____

Website url: _____

Password: _____

Comment: _____

Website url: _____

Password: _____

Comment: _____

Website url: _____

Password: _____

Comment: _____

Website url: _____

Password: _____

Comment: _____

Website url: _____

Password: _____

Comment: _____

Website url: _____

Password: _____

Comment: _____

Website url: _____

Password: _____

Comment: _____

Website url: _____

Password: _____

Comment: _____

Website url: _____

Password: _____

Comment: _____

Website url: _____

Password: _____

Comment: _____

Website url: _____

Password: _____

Comment: _____

Website url: _____

Password: _____

Comment: _____

Website url: _____

Password: _____

Comment: _____

Website url: _____

Password: _____

Comment: _____

Website url: _____

Password: _____

Comment: _____

Website url: _____

Password: _____

Comment: _____

Website url: _____

Password: _____

Comment: _____

Website url: _____

Password: _____

Comment: _____

Website url: _____

Password: _____

Comment: _____

Website url: _____

Password: _____

Comment: _____

Website url: _____

Password: _____

Comment: _____

Website url: _____

Password: _____

Comment: _____

Website url: _____

Password: _____

Comment: _____

Website url: _____

Password: _____

Comment: _____

Website url: _____

Password: _____

Comment: _____

Website url: _____

Password: _____

Comment: _____

Website url: _____

Password: _____

Comment: _____

Website url: _____

Password: _____

Comment: _____

Website url: _____

Password: _____

Comment: _____

Website url: _____

Password: _____

Comment: _____

Website url: _____

Password: _____

Comment: _____

Website url: _____

Password: _____

Comment: _____

Website url: _____

Password: _____

Comment: _____

Website url: _____

Password: _____

Comment: _____

Website url: _____

Password: _____

Comment: _____

Website url: _____

Password: _____

Comment: _____

Website url: _____

Password: _____

Comment: _____

Website url: _____

Password: _____

Comment: _____

Website url: _____

Password: _____

Comment: _____

Website url: _____

Password: _____

Comment: _____

Website url: _____

Password: _____

Comment: _____

**57**

Website url: _____

Password: _____

Comment: _____

Website url: _____

Password: _____

Comment: _____

Website url: _____

Password: _____

Comment: _____

Website url: _____

Password: _____

Comment: _____

Website url: _____

Password: _____

Comment: _____

Website url: _____

Password: _____

Comment: _____

Website url: _____

Password: _____

Comment: _____

Website url: _____

Password: _____

Comment: _____

Website url: _____

Password: _____

Comment: _____

Website url: _____

Password: _____

Comment: _____

Website url: _____

Password: _____

Comment: _____

Website url: _____

Password: _____

Comment: _____

Website url: _____

Password: _____

Comment: _____

Website url: _____

Password: _____

Comment: _____

**59**

Website url: _____

Password: _____

Comment: _____

Website url: _____

Password: _____

Comment: _____

Website url: _____

Password: _____

Comment: _____

Website url: _____

Password: _____

Comment: _____

Website url: _____

Password: _____

Comment: _____

Website url: _____

Password: _____

Comment: _____

Website url: _____

Password: _____

Comment: _____

Website url: _____

Password: _____

Comment: _____

Website url: _____

Password: _____

Comment: _____

Website url: _____

Password: _____

Comment: _____

Website url: _____

Password: _____

Comment: _____

Website url: _____

Password: _____

Comment: _____

Website url: _____

Password: _____

Comment: _____

Website url: _____

Password: _____

Comment: _____

Website url: _____

Password: _____

Comment: _____

Website url: _____

Password: _____

Comment: _____

Website url: _____

Password: _____

Comment: _____

Website url: _____

Password: _____

Comment: _____

Website url: _____

Password: _____

Comment: _____

Website url: _____

Password: _____

Comment: _____

Website url: _____

Password: _____

Comment: _____

Website url: _____

Password: _____

Comment: _____

Website url: _____

Password: _____

Comment: _____

Website url: _____

Password: _____

Comment: _____

Website url: _____

Password: _____

Comment: _____

Website url: _____

Password: _____

Comment: _____

Website url: _____

Password: _____

Comment: _____

Website url: _____

Password: _____

Comment: _____

Website url: _____

Password: _____

Comment: _____

Website url: _____

Password: _____

Comment: _____

Website url: _____

Password: _____

Comment: _____

Website url: _____

Password: _____

Comment: _____

Website url: _____

Password: _____

Comment: _____

Website url: _____

Password: _____

Comment: _____

Website url: _____

Password: _____

Comment: _____

Website url: _____

Password: _____

Comment: _____

Website url: _____

Password: _____

Comment: _____

Website url: _____

Password: _____

Comment: _____

Website url: _____

Password: _____

Comment: _____

Website url: _____

Password: _____

Comment: _____

Website url: _____

Password: _____

Comment: _____

Website url: _____

Password: _____

Comment: _____

Website url: _____

Password: _____

Comment: _____

Website url: _____

Password: _____

Comment: _____

Website url: _____

Password: _____

Comment: _____

Website url: _____

Password: _____

Comment: _____

Website url: _____

Password: _____

Comment: _____

Website url: _____

Password: _____

Comment: _____

Website url: _____

Password: _____

Comment: _____

Website url: _____

Password: _____

Comment: _____

Website url: _____

Password: _____

Comment: _____

Website url: _____

Password: _____

Comment: _____

Website url: _____

Password: _____

Comment: _____

Website url: _____

Password: _____

Comment: _____

Website url: _____

Password: _____

Comment: _____

Website url: _____

Password: _____

Comment: _____

Website url: _____

Password: _____

Comment: _____

Website url: _____

Password: _____

Comment: _____

Website url: _____

Password: _____

Comment: _____

Website url: _____

Password: _____

Comment: _____

Website url: _____

Password: _____

Comment: _____

Website url: _____

Password: _____

Comment: _____

Website url: _____

Password: _____

Comment: _____

Website url:

Password:

Comment:

Website url:

Password:

Comment:

Website url:

Password:

Comment:

Website url:

Password:

Comment:

Website url:

Password:

Comment:

Website url:

Password:

Comment:

Website url:

Password:

Comment:

Website url: _____

Password: _____

Comment: _____

Website url: _____

Password: _____

Comment: _____

Website url: _____

Password: _____

Comment: _____

Website url: _____

Password: _____

Comment: _____

Website url: _____

Password: _____

Comment: _____

Website url: _____

Password: _____

Comment: _____

Website url: _____

Password: _____

Comment: _____

Website url: _____

Password: _____

Comment: _____

Website url: _____

Password: _____

Comment: _____

Website url: _____

Password: _____

Comment: _____

Website url: _____

Password: _____

Comment: _____

Website url: _____

Password: _____

Comment: _____

Website url: _____

Password: _____

Comment: _____

Website url: _____

Password: _____

Comment: _____

Website url: _____

Password: _____

Comment: _____

Website url: _____

Password: _____

Comment: _____

Website url: _____

Password: _____

Comment: _____

Website url: _____

Password: _____

Comment: _____

Website url: _____

Password: _____

Comment: _____

Website url: _____

Password: _____

Comment: _____

Website url: _____

Password: _____

Comment: _____

Website url: _____

Password: _____

Comment: _____

Website url: _____

Password: _____

Comment: _____

Website url: _____

Password: _____

Comment: _____

Website url: _____

Password: _____

Comment: _____

Website url: _____

Password: _____

Comment: _____

Website url: _____

Password: _____

Comment: _____

Website url: _____

Password: _____

Comment: _____

Website url:

Password:

Comment:

Website url:

Password:

Comment:

Website url:

Password:

Comment:

Website url:

Password:

Comment:

Website url:

Password:

Comment:

Website url:

Password:

Comment:

Website url:

Password:

Comment:

Website url: _____

Password: _____

Comment: _____

Website url: _____

Password: _____

Comment: _____

Website url: _____

Password: _____

Comment: _____

Website url: _____

Password: _____

Comment: _____

Website url: _____

Password: _____

Comment: _____

Website url: _____

Password: _____

Comment: _____

Website url: _____

Password: _____

Comment: _____

Website url: _____

Password: _____

Comment: _____

Website url: _____

Password: _____

Comment: _____

Website url: _____

Password: _____

Comment: _____

Website url: _____

Password: _____

Comment: _____

Website url: _____

Password: _____

Comment: _____

Website url: _____

Password: _____

Comment: _____

Website url: _____

Password: _____

Comment: _____

Website url: _____

Password: _____

Comment: _____

Website url: _____

Password: _____

Comment: _____

Website url: _____

Password: _____

Comment: _____

Website url: _____

Password: _____

Comment: _____

Website url: _____

Password: _____

Comment: _____

Website url: _____

Password: _____

Comment: _____

Website url: _____

Password: _____

Comment: _____

Website url: _____

Password: _____

Comment: _____

Website url: _____

Password: _____

Comment: _____

Website url: _____

Password: _____

Comment: _____

Website url: _____

Password: _____

Comment: _____

Website url: _____

Password: _____

Comment: _____

Website url: _____

Password: _____

Comment: _____

Website url: _____

Password: _____

Comment: _____

Website url: _____

Password: _____

Comment: _____

Website url: _____

Password: _____

Comment: _____

Website url: _____

Password: _____

Comment: _____

Website url: _____

Password: _____

Comment: _____

Website url: _____

Password: _____

Comment: _____

Website url: _____

Password: _____

Comment: _____

Website url: _____

Password: _____

Comment: _____

Website url: _____

Password: _____

Comment: _____

Website url: _____

Password: _____

Comment: _____

Website url: _____

Password: _____

Comment: _____

Website url: _____

Password: _____

Comment: _____

Website url: _____

Password: _____

Comment: _____

Website url: _____

Password: _____

Comment: _____

Website url: _____

Password: _____

Comment: _____

Website url: _____

Password: _____

Comment: _____

Website url: _____

Password: _____

Comment: _____

Website url: _____

Password: _____

Comment: _____

Website url: _____

Password: _____

Comment: _____

Website url: _____

Password: _____

Comment: _____

Website url: _____

Password: _____

Comment: _____

Website url: _____

Password: _____

Comment: _____

Website url: _____

Password: _____

Comment: _____

Website url: _____

Password: _____

Comment: _____

Website url: _____

Password: _____

Comment: _____

Website url: _____

Password: _____

Comment: _____

Website url: _____

Password: _____

Comment: _____

Website url: _____

Password: _____

Comment: _____

Website url: _____

Password: _____

Comment: _____

Website url: _____

Password: _____

Comment: _____

Website url: _____

Password: _____

Comment: _____

Website url: _____

Password: _____

Comment: _____

Website url: _____

Password: _____

Comment: _____

Website url: _____

Password: _____

Comment: _____

Website url: _____

Password: _____

Comment: _____

Website url: _____

Password: _____

Comment: _____

Website url: _____

Password: _____

Comment: _____

Website url: _____

Password: _____

Comment: _____

Website url: _____

Password: _____

Comment: _____

Website url: _____

Password: _____

Comment: _____

Website url: _____

Password: _____

Comment: _____

Website url: _____

Password: _____

Comment: _____

Website url: _____

Password: _____

Comment: _____

Website url: _____

Password: _____

Comment: _____

Website url: _____

Password: _____

Comment: _____

Website url: _____

Password: _____

Comment: _____

Website url: _____

Password: _____

Comment: _____

Website url: _____

Password: _____

Comment: _____

Website url: _____

Password: _____

Comment: _____

Website url: _____

Password: _____

Comment: _____

Website url: _____

Password: _____

Comment: _____

Website url: _____

Password: _____

Comment: _____

Website url: _____

Password: _____

Comment: _____

Website url: _____

Password: _____

Comment: _____

Website url: _____

Password: _____

Comment: _____

Website url: _____

Password: _____

Comment: _____

Website url: _____

Password: _____

Comment: _____

Website url: _____

Password: _____

Comment: _____

Website url: _____

Password: _____

Comment: _____

Website url: _____

Password: _____

Comment: _____

Website url: _____

Password: _____

Comment: _____

Website url: _____

Password: _____

Comment: _____

Website url: _____

Password: _____

Comment: _____

Website url: _____

Password: _____

Comment: _____

Website url: _____

Password: _____

Comment: _____

Website url: _____

Password: _____

Comment: _____

Website url: _____

Password: _____

Comment: _____

Website url: _____

Password: _____

Comment: _____

Website url: _____

Password: _____

Comment: _____

Website url: _____

Password: _____

Comment: _____

Website url: _____

Password: _____

Comment: _____

Website url: _____

Password: _____

Comment: _____

Website url: _____

Password: _____

Comment: _____

Website url: _____

Password: _____

Comment: _____

Website url: _____

Password: _____

Comment: _____

Website url: _____

Password: _____

Comment: _____

Website url: _____

Password: _____

Comment: _____

Website url: _____

Password: _____

Comment: _____

Website url: _____

Password: _____

Comment: _____

Website url: _____

Password: _____

Comment: _____

Website url: _____

Password: _____

Comment: _____

Website url: _____

Password: _____

Comment: _____

Website url: _____

Password: _____

Comment: _____

Website url: _____

Password: _____

Comment: _____

Website url: _____

Password: _____

Comment: _____

Website url: _____

Password: _____

Comment: _____

Website url: _____

Password: _____

Comment: _____

Website url: _____

Password: _____

Comment: _____

Website url: _____

Password: _____

Comment: _____

Website url: _____

Password: _____

Comment: _____

Website url: _____

Password: _____

Comment: _____

Website url: _____

Password: _____

Comment: _____

Website url: _____

Password: _____

Comment: _____

Website url: _____

Password: _____

Comment: _____

Website url: _____

Password: _____

Comment: _____

Website url: _____

Password: _____

Comment: _____

Website url: _____

Password: _____

Comment: _____

Website url: _____

Password: _____

Comment: _____

Website url: _____

Password: _____

Comment: _____

Website url: _____

Password: _____

Comment: _____

Website url: _____

Password: _____

Comment: _____

Website url: _____

Password: _____

Comment: _____

Website url: _____

Password: _____

Comment: _____

Website url: _____

Password: _____

Comment: _____

Website url: _____

Password: _____

Comment: _____

Website url: _____

Password: _____

Comment: _____

Website url: _____

Password: _____

Comment: _____

Website url: _____

Password: _____

Comment: _____

Website url: _____

Password: _____

Comment: _____

Website url: _____

Password: _____

Comment: _____

Website url: _____

Password: _____

Comment: _____

Website url: _____

Password: _____

Comment: _____

Website url: _____

Password: _____

Comment: _____

Website url:

Password:

Comment:

Website url:

Password:

Comment:

Website url:

Password:

Comment:

Website url:

Password:

Comment:

Website url:

Password:

Comment:

Website url:

Password:

Comment:

Website url:

Password:

Comment:

Website url: _____

Password: _____

Comment: _____

Website url: _____

Password: _____

Comment: _____

Website url: _____

Password: _____

Comment: _____

Website url: _____

Password: _____

Comment: _____

Website url: _____

Password: _____

Comment: _____

Website url: _____

Password: _____

Comment: _____

Website url: _____

Password: _____

Comment: _____

Website url: _____

Password: _____

Comment: _____

Website url: _____

Password: _____

Comment: _____

Website url: _____

Password: _____

Comment: _____

Website url: _____

Password: _____

Comment: _____

Website url: _____

Password: _____

Comment: _____

Website url: _____

Password: _____

Comment: _____

Website url: _____

Password: _____

Comment: _____

Website url: _____

Password: _____

Comment: _____

Website url: _____

Password: _____

Comment: _____

Website url: _____

Password: _____

Comment: _____

Website url: _____

Password: _____

Comment: _____

Website url: _____

Password: _____

Comment: _____

Website url: _____

Password: _____

Comment: _____

Website url: _____

Password: _____

Comment: _____

Website url: _____

Password: _____

Comment: _____

Website url: _____

Password: _____

Comment: _____

Website url: _____

Password: _____

Comment: _____

Website url: _____

Password: _____

Comment: _____

Website url: _____

Password: _____

Comment: _____

Website url: _____

Password: _____

Comment: _____

Website url: _____

Password: _____

Comment: _____

Website url: _____

Password: _____

Comment: _____

Website url: _____

Password: _____

Comment: _____

Website url: _____

Password: _____

Comment: _____

Website url: _____

Password: _____

Comment: _____

Website url: _____

Password: _____

Comment: _____

Website url: _____

Password: _____

Comment: _____

Website url: _____

Password: _____

Comment: _____

Website url:

Password:

Comment:

Website url:

Password:

Comment:

Website url:

Password:

Comment:

Website url:

Password:

Comment:

Website url:

Password:

Comment:

Website url:

Password:

Comment:

Website url:

Password:

Comment:

Website url: _____

Password: _____

Comment: _____

Website url: _____

Password: _____

Comment: _____

Website url: _____

Password: _____

Comment: _____

Website url: _____

Password: _____

Comment: _____

Website url: _____

Password: _____

Comment: _____

Website url: _____

Password: _____

Comment: _____

Website url: _____

Password: _____

Comment: _____